CURIOSITÉS BOURBONNAISES

Un singulier Chevalier de l'Ordre de Saint Jean de Jérusalem

(Fin du XIVe, commencement du XVe siècle)

PAR PHILIPPE TIERSONNIER

MOULINS
CRÉPIN-LEBLOND, IMPRIMEUR-ÉDITEUR
Rue Jean-Jacques-Rousseau, 13

1922

CURIOSITÉS BOURBONNAISES

1re Série

I. — A. VAYSSIÈRE. *Le Monastère de Sainte-Claire de Moulins*, par le P. Jacques FODÉRÉ.

II. — A. VAYSSIÈRE. *Abrégé de l'histoire du monastère de Saint-Pourçain*, par Dom Pierre LAURENT.

III. — SAINT-GRIS. *Le Legs Robichon, son fondateur et ses bénéficiaires jusqu'à 1892.*

IV. — Roger DE QUIRIELLE. *Lettres inédites de Charles IX, de Catherine de Médicis et du duc d'Anjou, à des gentilshommes bourbonnais.*

V. — *Lettre d'un voyageur passant à Moulins, à son ami, à Paris (24 brumaire an IV).*

VI. — Roger DE QUIRIELLE. *Jacques de Champfeu, capitaine au Royal Infanterie, et sa relation de l'expédition de Mahon en 1756.*

VII. — Roger DE QUIRIELLE. *La Collection d'objets d'art du comte de Soultrait.*

VIII. — A. VAYSSIÈRE. *Le Siège des Huguenots devant Molins, en 1562.*

IX. — Roger DE QUIRIELLE. *L'Etat de maison d'une Bourbonnaise de qualité, à l'époque de Louis XV.*

X. — Dr V. VANNAIRE. *L'Eglise Saint-Etienne de Gannat.*

XI. — Roger DE QUIRIELLE *Information secrète contre une abbesse de Cusset, en 1539.*

XII. — Vicomte Maurice BOUTRY. *De la Cour de Versailles aux Bernardines de Moulins (1745-1759).*

XIII. — Ferdinand CLAUDON. *Journal d'un bourgeois de Moulins dans la deuxième moitié du XVIIIe siècle.*

XIV — Abbé Joseph-H.-M. CLÉMENT. *Itinéraire d'un prêtre bourbonnais « déporté » pendant la Révolution française.*

XV. — Roger DE QUIRIELLE *Le Livre de raison des Goyard, bourgeois-agriculteurs de Bert (1611-1780).*

XVI. — Félix CHAMBON. *La Justice civile en Bourbonnais, en 1664.*

XXVI

CURIOSITÉS BOURBONNAISES

CURIOSITÉS BOURBONNAISES

Un singulier Chevalier de l'Ordre de Saint Jean de Jérusalem

(Fin du XIVe, commencement du XVe siècle)

PAR PHILIPPE TIERSONNIER

MOULINS
CRÉPIN-LEBLOND, IMPRIMEUR-ÉDITEUR
Rue Jean-Jacques-Rousseau, 13

1922

Un singulier Chevalier de l'Ordre de Saint Jean de Jérusalem

✢ ✢ ✢ ✠ ✢ ✢ ✢

Comme toutes les institutions sorties de peu de chose, et devenues grandes, puissantes, célèbres, l'Ordre souverain, hospitalier et militaire de Saint Jean de Jérusalem a des origines remplies d'obscurités, déformées par la légende. Au surplus, on ne saurait faire trop grand grief de cette incertitude à ceux qui, occupés d'agir l'histoire de l'Ordre, ne songeaient guère à l'écrire. On ne doit pas oublier non plus les pertes subies par les archives des chevaliers de l'Hôpital, en raison des vicissitudes que leur Ordre eut à supporter, pertes déplorées, il y a bien longtemps déjà, par le Commandeur de Nabérat, dans son capital ouvrage : *Privilèges de l'Ordre de Saint Jean de Jérusalem*.

Suivant une ancienne tradition, adoptée officiellement pendant des siècles, l'Ordre remonterait à une époque antérieure aux Croisades. Il aurait eu dès lors une notoriété suffisante pour que des donations lui aient été faites dans les pays chrétiens d'Occident. De tout temps, marque indéniable de sa fondation indépendante de toute œuvre similaire, il aurait suivi la règle religieuse qui le régit encore, aurait administré ses biens par ses Frères ou leurs officiers.

Cette thèse d'une fondation et d'une existence autonomes de l'Ordre était déjà affirmée par les *Miracula* ou récit des origines de la Religion [1] de Saint Jean de Jérusalem, composé entre 1140 et 1150.

Les récits des *Miracula* sont du reste en contradiction avec Aimé du Mont Cassin, rédacteur de l'*Ystoire de li Normant;* Robert Viscart, auteur d'une chronique écrite entre 1078 et 1080 ; Sicard, évêque de Crémone, autre chroniqueur ; le *Vetus Chronicon Amalphitanum ;* enfin, avec le texte de Guillaume de Tyr, hostile, il est vrai, aux chevaliers de Saint Jean de Jérusalem.

Les travaux d'un archiviste paléographe sorti de notre Ecole nationale des Chartes, M. Joseph Delaville Le Roulx [2], ont porté enfin critique, érudition et lumière dans cette question jusqu'ici obscure et controversée, où la légende avait brodé de brillantes arabesques sur l'austère canevas de l'histoire.

Lorsque, le 15 juillet 1099, les Croisés, victorieux, entrèrent dans Jérusalem, ils y trouvèrent un saint homme

1. Le mot *Religion,* qui revient plus d'une fois dans ces pages, doit être pris dans le sens d'*Ordre religieux.* On dit encore de nos jours entrer en Religion, dans le sens d'entrer au couvent, faire profession dans un Ordre religieux.

2. M. Joseph Delaville Le Roulx était chevalier magistral d'honneur et de dévotion de l'Ordre de Malte. Il a consacré presque toute sa vie, depuis sa sortie de l'Ecole des Chartes, à des travaux sur l'Ordre de Saint Jean de Jérusalem. Son œuvre capitale est le *Cartulaire général de l'Ordre des Hospitaliers de Saint Jean de Jérusalem (1100-1310)*, dédié par lui à Son Altesse Eminentissime le vénérable Grand Maître de l'Ordre souverain de Saint Jean de Jérusalem, Frère Jean-Baptiste Ceschi a Santa Croce. Ce *Cartulaire*, en quatre volumes in-folio, a été édité à Paris, par Leroux, de 1894 à 1906. M. Delaville Le Roulx est mort en 1911.

nommé Gérard [1]. Depuis longtemps, Gérard exerçait les œuvres de charité et d'hospitalité dans l'Hôpital de Saint Jean l'Aumônier, fondé, vers 1048, par de pieux marchands d'Amalfi, en vertu d'une permission arrachée à prix d'or au calife d'Egypte, pour lors maître de Jérusalem.

Située non loin du Saint-Sépulcre, dans cette partie de Jérusalem qu'on appelait *la Latinie*, la fondation des Amalfitains avait restauré et au même lieu, la chose est à peu près certaine, des fondations antérieures remontant à Charlemagne, placées, elles aussi, sous le gouvernement de moines bénédictins [2].

Guillaume de Tyr raconte que, lors de l'entrée des Croisés à Jérusalem, Gérard desservait l'Hôpital de Saint

1. Gérard, né vers 1040, dans l'île de Saint-Genès, aujourd'hui Martigues, en Provence. Son nom est donné sous les formes Gérard, Ghérard, Gérald, Géraud, Girald, Giraud et sous les formes latines correspondantes. On l'a appelé aussi Gérard *Tunc* dont on a fait Tenque et de Tenque, avec toutes sortes de variantes. Le nom de Tenque n'a été donné par les hagiographes à Gérard, qu'à partir du dix-septième siècle. Quant à la leçon *Girardus Tunc*, je tiens de M. Delaville Le Roulx qu'elle vient d'une mauvaise traduction d'une phrase latine commençant par ces mots : *Girardus tunc...* Gérard alors...)

Gérard, dont la sainteté fut proclamée par la voix populaire au lendemain de sa mort, est souvent appelé le Bienheureux Gérard : mais l'Eglise ne s'est jamais prononcée officiellement. En 1747, le Grand Maître Emmanuel de Fonseca entreprit de faire régulièrement canoniser le fondateur de l'Ordre. Le volumineux dossier des enquêtes postulatoires fut expédié à Rome par un vaisseau de la Religion. L'affaire en resta là. Pourquoi ? On l'ignore. Sur ce pieux personnage voir : *Le Bienheureux Gérard, fondateur et premier Grand Maître des Hospitaliers de Saint Jean de Jérusalem (Ordre de Malte)*, par le chanoine F. Giraud, vicaire général d'Aix. Aix, Peyres et Cie, 1909. Le chanoine Giraud, qui était décoré de la croix de l'Ordre *Pro piis meritis* et membre de l'Association française des chevaliers de Malte, a dédié son intéressant ouvrage « à Son Altesse Eminentissime Mgr le prince de Thun-Hohenstein, Grand Maître de l'Ordre souverain de Saint-Jean de Jérusalem (Malte), et à l'Association française des membres de l'Ordre ».

2. Voir J. Delaville Le Roulx, *Les Hospitaliers en Terre Sainte et à Chypre (1100-1310)*, Paris, Ernest Leroux, 1904.

Jean l'Aumônier sous les auspices de l'abbé des Bénédictins. Le Maître de l'Hôpital Saint Jean rendit alors de tels services aux Croisés, dont un grand nombre était affaibli par les privations, les maladies et les blessures, que Godefroy de Bouillon fit à son établissement des dons considérables, imité dans ses largesses par beaucoup de ses compagnons. D'autre part, des Croisés, nobles ou autres, se firent hospitaliers sous la direction du pieux Gérard.

Dans cette extension de son œuvre, Gérard vit avec raison une bénédiction du ciel et eut la pensée de transformer en ordre religieux, l'association des Hospitaliers, volontairement placés sous sa direction. La plupart ayant adhéré à son projet, ils se consacrèrent par des vœux au service des pauvres et des malades. Gérard leur donna une règle, un costume uniforme : vêtement noir et manteau de même couleur, orné d'une croix de toile blanche cousue sur le côté gauche.

L'Hôpital fut agrandi, on construisit une nouvelle et splendide église dédiée à saint Jean-Baptiste, le patron du nouvel Ordre. C'est alors aussi que des saintes femmes, désireuses de se consacrer au soin des pèlerins pauvres et malades, et spécialement au soulagement des personnes de leur sexe, adoptèrent la règle de Gérard ; elles furent les premières religieuses de l'Ordre de Saint Jean de Jérusalem. On estime en général que, dès 1100 au plus tard, l'Ordre était complètement constitué.

Suivant Raybaud [1], d'après les anciennes archives du Grand Prieuré de Saint-Gilles, au commencement de 1101, l'Ordre étant fondé, « Géraud » vint en France, accompagné de plusieurs de ses Frères, dans le dessein de

1. Raybaud (dix-huitième siècle) était archiviste du Grand Prieuré de Saint-Gilles. Il a laissé une *Histoire des Grands Prieurs et du Prieuré de Saint-Gilles*, publiée par le chanoine C. Nicolas, Nîmes, Chastanier, 1904.

l'étendre et de lui procurer de nouveaux établissements. Il commença par Saint-Gilles au diocèse de Nîmes. En 1104, Gérard quitta le Languedoc et peut-être les autres provinces méridionales de notre France actuelle pour parcourir les septentrionales et y établir des maisons de son Ordre. Quelques années plus tard, il envoyait le Frère Ancelin en Europe avec mission de recueillir des aumônes et de demander au Pape Pascal II l'approbation du nouvel Ordre. Le Saint-Père, alors à Bénévent, dans le royaume de Naples, accorda à l'Ordre une bulle datée du 15 des calendes de mars (15 février) 1113. Elle porte que le Pape met l'Hôpital de Saint Jean de Jérusalem sous la protection du Saint-Siège ; confirme toutes les acquisitions et donations de biens qui lui avaient été faites en Europe et en Asie ; ordonne que les hôpitaux déjà fondés en Occident, à Saint-Gilles en Languedoc ou Provence, à Asti en Piémont, Pise en Toscane, etc..., seraient à perpétuité sous la dépendance de Maître Gérard et de ses successeurs. Le Pape écrivit, le même jour, une lettre circulaire à tous les prélats et seigneurs chrétiens d'Europe, leur recommandant Frère Ancelin, les exhortant à faire largesses à l'Hôpital de Jérusalem, où Frère Gérard prenait un soin tout particulier des pèlerins et des pauvres [1].

On voit que Gérard ne fut pas, comme le veut la légende des origines de l'Ordre de Saint Jean de Jérusalem, le créateur des œuvres hospitalières dans la ville sainte. Mais il les établit sur des bases nouvelles, plus étendues, et, devenu le premier Grand Maître des Hospitaliers, fut le trait d'union entre le passé, représenté par l'établissement bénédictin, et le régime nouveau institué par les conquérants. Je ne crois pas qu'on puisse désormais opposer rien de sérieux à ces conclusions de M. Delaville Le Roulx.

1. Cf. Delaville Le Roulx, *Cartulaire général*, etc., t. I, p. 29-30, n°s 30 et 31.

Gérard étant mort le 3 septembre 1120[1], Raymond du Puy, son successeur immédiat, fit faire de nouveaux progrès à l'Ordre. La situation périlleuse dans laquelle se trouvait le royaume de Jérusalem, en butte aux incessantes attaques des musulmans, lui fit concevoir le projet d'ajouter aux œuvres hospitalières les mérites de la défense de la foi les armes à la main, à l'exemple de l'Ordre, plus récent, du Temple. Ce projet paraissait d'autant plus facilement réalisable que la plupart des Frères de Saint Jean de Jérusalem étaient dès lors de noble race, habitués aux armes et ayant presque tous combattu contre les mahométans. L'Ordre, sans cesser d'être *hospitalier*, devint donc *militaire*. Raymond du Puy arrêta les nouveaux statuts nécessités par cette transformation, vers 1126, et divisa l'Ordre en trois classes : les *chevaliers*, les *prêtres* et les *frères servants*. Cette nouvelle organisation fut approuvée par Innocent II, en 1130, et par Lucius III, en 1185. Innocent II prescrivit en outre que l'étendard de l'Ordre serait *de gueules, à la croix latine d'argent*.

C'est également à Raymond du Puy qu'est due la transformation de la croix de l'Ordre. Il voulut que cette croix fût à huit pointes, en souvenir des huit Béatitudes dont il proposait la méditation à ses Frères[2]. Ainsi a pris

1. Cette date est donnée par Foucher de Chartres (*Historiens occidentaux des Croisades*, III, 446), et acceptée par Delaville Le Roulx comme exacte dans son livre : *Les Hospitaliers en Terre Sainte*, etc., p. 39. Dans son *Cartulaire général*, il serre la date de moins près et se contente de noter comme certain que le décès de Gérard eut lieu entre 1110 et 1121 (t. I, p. 38, note 5). Dans son *Annuaire pontifical*, 1906, p. 641, feu Mgr Battandier avançait la date du 13 octobre 1120, mais sans références et sans preuve à l'appui. Dans son livre : *Le Bienheureux Gérard, fondateur et premier Grand Maître*, etc., cité plus haut, le chanoine F. Giraud dit que Gérard mourut à Jérusalem, en 1120. Il établit cette dernière date d'après diverses sources et utilise notamment le *Cartulaire* Delaville Le Roulx.

2. D'après les instructions recueillies par le Commandeur de Nabérat, les huit Béatitudes sont : 1. avoir contentement spirituel ; 2. vivre sans

naissance la croix universellement connue de nos jours sous le nom de Croix de Malte.

D'après les statuts, les chevaliers devaient se consacrer spécialement à la défense de la Terre Sainte et de la Foi. Dans l'intervalle de leurs campagnes, ils concouraient au service hospitalier. Les prêtres assuraient le service spirituel dans les hôpitaux de l'Ordre et, en campagne, auprès des chevaliers. Enfin les Frères servants d'armes, ou sergents *(fratres servientes)*, jouaient en quelque sorte auprès des chevaliers le rôle d'écuyers et les secondaient, tant à la guerre que pour le service des pèlerins, des malades et des blessés.

Dès que l'Ordre fut devenu militaire, les chevaliers, qui seuls pouvaient prétendre aux plus hautes dignités, durent être de noble race. Quant aux chapelains et aux servants d'armes, on n'exigeait pas d'eux la noblesse d'extraction ; mais tous devaient être de lignée honorable et d'honnête naissance. L'Ordre compta aussi des *servants d'office* auxquels étaient réservées, dans les maisons des Hospitaliers, les fonctions les plus humbles.

Enfin, à l'exemple de nombre de congrégations religieuses, l'Ordre de Saint Jean de Jérusalem eut des *oblats* ou *donnés* qui, du nom latin de *donati,* prirent celui de Donats [1]. Ces Donats, qui ne faisaient point de vœux, étaient nobles ou roturiers. Ils se recrutaient parmi ceux

malice ; 3. pleurer ses péchés ; 4. s'humilier aux injures ; 5. aimer la justice ; 6. être miséricordieux ; 7. être sincère et net de cœur ; 8. endurer persécution.

1. Leur nom primitif était : *confrères.* A ma connaissance, le terme *donné* apparaît pour la première fois dans les statuts de 1262, article 14 (Cf. *Cartulaire général,* t. III, n° 3039). Dans *les Hospitaliers en Terre Sainte,* etc., p. 297-298, M. Delaville Le Roulx établit une distinction originelle entre les *confrères* (roturiers) et les *donats* (nobles). Mais les textes mêmes de son *Cartulaire* ne justifient pas cette distinction. Les confrères étaient ou nobles ou roturiers, dès l'origine, et il y a identité absolue entre confrères et donats.

qui donnaient à l'Ordre tout ou partie de leurs biens et se vouaient aux œuvres hospitalières. Les Donats étaient admis dans les hôpitaux de l'Ordre à soigner les malades, ils pouvaient aussi servir les armes à la main, comme auxiliaires des chevaliers, en volontaires. En échange du concours qu'ils apportaient à l'Ordre, ils avaient part à ses privilèges spirituels et obtenaient la sépulture dans les églises ou les cimetières de la Religion. Ils conservaient leur statut personnel, leur rang social, formant une sorte de tiers-ordre et, dans l'organisation actuelle, les nombreux membres d'honneur et de dévotion, quel que soit leur rang dans la hiérarchie, représentent assez fidèlement les Donats du Moyen Age.

Telle était dans ses grandes lignes, et telle est encore, sans grandes différences, après des siècles, la composition de l'Ordre de Saint Jean de Jérusalem.

Il n'est pas à propos de résumer ici l'histoire de l'Ordre, à l'occasion de la vie aventureuse et des agissements en Bourbonnais, d'un de ses membres.

Il suffira de rappeler que, sans oublier leurs premiers devoirs hospitaliers, sans renoncer, bien au contraire, à leur primitive mission, les chevaliers de Saint Jean furent des moines guerriers ; d'abord pour garder la Terre Sainte, pour protéger contre le brigandage musulman les marchands, les pieux voyageurs, visiteurs des Lieux Saints, ensuite pour barrer aux Infidèles les routes maritimes d'Europe et faire, contre leurs nombreux et hardis corsaires, la police de la Méditerranée. Ce rôle, ils le remplirent avec honneur jusqu'au jour où un coup de force inique vint les spolier, leur ravir cette île de Malte arrosée du sang de leurs anciens.

Dans la première période de leur histoire, sans cesse en lutte contre les musulmans, ils partagent le sort des chrétiens d'outre-mer. Malgré leur intrépide bravoure, ils sont chassés de Jérusalem, puis de Margat[1], enfin de Saint-Jean-d'Acre, dernier refuge des chrétiens en Terre Sainte. A Chypre, ils recevront bien asile des Lusignan, mais, rêvant toujours de reprendre pied en Palestine, ils cherchent un établissement où, libres de leurs mouvements, ils pourront constituer une base solide pour une future offensive[2]. La conquête de Rhodes (1310) sur des pirates musulmans, sous le grand magistère de Foulques de Villaret, donna aux Hospitaliers le nouveau poste de guerre qu'ils souhaitaient. Au déclin du quatorzième siècle, à l'heure où nous apparaît le curieux chevalier dont j'ai entrepris de parler à raison de ses liens avec le Bourbonnais, l'Ordre était si puissamment installé à Rhodes que nul ne pensait qu'il en pût être chassé par la force.

C'était un singulier chevalier de l'Ordre de Saint Jean de Jérusalem que Frère Aymar Broutin dit Talebart[3]. Inquiet, remuant, intrigant, dépensier, jamais content de ses commanderies, toujours disposé à s'en faire attribuer de nouvelles, et par les moyens les moins réguliers, il était certes loin d'offrir le modèle de toutes les vertus que les statuts de l'Ordre demandaient aux Frères de l'Hôpital. Si, d'aventure, il méditait sur les symboles de la croix blanche

1. Margat, aujourd'hui El Markab, en Syrie, un peu au sud du petit port de Banias, non loin de la mer.

2. Sur toute cette phase de l'histoire de l'Ordre, voir le très intéressant ouvrage du chevalier Delaville Le Roulx : *Les Hospitaliers en Terre Sainte*, etc.

3. Dans ses *Mélanges sur l'Ordre de Malte*, M. Delaville Le Roulx a eu à s'occuper de ce personnage. C'est grâce aux renseignements recueillis par lui que je peux aujourd'hui parler de Talebart, dont le surnom signifiait en vieux français : *bouclier*. Je note ce point, le nom étant encore porté en Bourbonnais, sous la forme : *Talabart*.

à huit pointes cousue sur son habit, ce n'était pas pour en savourer l'âpre saveur spirituelle. Il aimait mieux la faire goûter à ses confrères. Non, le chevalier Talebart n'aimait pas vivre sans malice, il négligeait les préceptes de la justice, il n'était pas toujours très sincère et net de cœur. Jamais il n'eût admis de souffrir persécution ni de s'humilier aux injures. Si, en son for intérieur, il pleurait ses péchés, si, peut-être, il était parfois miséricordieux — et Dieu seul le sait — il semble bien en tous cas qu'il trouvait son contentement spirituel à réussir dans ses projets, et à... rouler ses adversaires ou ses concurrents.

Au surplus, son *curriculum vitæ* suffit à le prouver. Si les Commandeurs bourbonnais qui eurent tant à souffrir de ses agissements, et dont nous parlerons tout à l'heure, pouvaient se relever de leur tombe, toute charité chrétienne mise à part, ils ne s'inscriraient pas en faux, je le pense, contre pareil jugement.

Mais, puisque nous ne pouvons plus invoquer leur témoignage, contentons-nous de les ressusciter, eux et leur tenace adversaire, en nous servant des pièces d'archives assez nombreuses où ils figurent. Et, pour commencer, cherchons d'où venait Talebart, racontons sommairement ce qu'il fit, nous arrêtant avec un peu plus de détail à tous les points touchant au « plaisant Bourbonnais ».

Aymar Broutin, dit Talebart, appartenait à une noble maison dauphinoise[1] qui a donné à l'Ordre de Saint Jean

1. Cette famille Broutin, Brottin, etc., du Dauphiné, n'a rien de commun avec la famille Broutaing, dont les *Noms féodaux* nous signalent un représentant en Bourbonnais et dont la noblesse était au moins contestée par les gens du duc : Guillaume Broutaing, du Donjon, qui, en 1398 et 1443, en la châtellenie de Chaveroche, fait hommage pour le mas ou tènement de Beaudéduit, domaine, garenne, cens et tailles ; ensemble, les baillies de Trezuble et de Trezelles (registre 468, p. 24 et 54). Dom Bétencourt ajoute cette note : « Non noble ; la mention d'écuyer raturée au texte. »

Pour ne pas multiplier les notes inutilement, j'indique, une fois pour

de Jérusalem plus d'un chevalier [1]. Sa famille paraît être originaire de Salettes, près Châteauneuf-de-Mazenc [2], d'où elle était venue se fixer à Poët-Laval [3], localité où les Broutin étaient possessionnés aussi bien que l'Ordre de Saint Jean de Jérusalem, y tenant, entre autres fiefs, celui de La Vente. Les ascendants de Talebart avaient-ils été aussi remuants, aussi aventureux, ausi indisciplinés que lui ? Je ne saurais le dire ; mais il faut avouer que la situation où se trouvait alors la chrétienté était de nature à favoriser les agissements de tous les indépendants enclins à profiter des circonstances pour donner libre carrière à leur esprit d'intrigue, à leur ambition, à leur remuante activité.

A la fin du quatorzième siècle, en effet, le grand schisme d'Occident divisait les peuples et les rois aussi bien que l'Eglise. On sait ce que fut ce schisme ; il n'est pas une histoire de France, si résumée soit-elle, qui puisse passer sous silence ces tristes dissensions.

A la mort de Grégoire XI, décédé à Anagni, en 1378, les cardinaux présents à Rome, Français pour la plupart, se réunirent en conclave pour lui donner un successeur. Violemment pressés par le peuple romain réclamant un souverain pontife d'origine italienne, ils élurent l'arche-

toutes, que la plupart des sources utilisées sont empruntées aux anciennes archives de l'Ordre, encore conservées à Malte. M. Delaville Le Roulx les indique soigneusement, en ses *Mélanges*, dans un article sur les Talebart.

1. Jean Brotin ou Brottin, 1546, Taillebot et Amé de Brotin, Claude et Jean de Brotin, sans date mais de la fin du seizième siècle. Voir De Vertot, 1778, *Histoire des Chevaliers hospitaliers de Saint Jean de Jérusalem*, t. VII, p. 18 : liste des chevaliers de la Langue de Provence.

Les Broutin, Brutin, Brotin ou Brottin, en Dauphiné, portaient : *De gueules, à deux tours rondes réunies par un portail ouvert, celle à senestre plus basse que l'autre, chaque tour crénelée de quatre pièces, le tout d'argent maçonné de sable.*

2. Salettes et Châteauneuf-de-Mazenc, en Dauphiné, actuellement dans le département de la Drôme.

3. Poët-Laval, près de Dieu-le-Fit, Drôme.

vêque de Bari, Napolitain de naissance, lequel prit le nom d'Urbain VI. Malheureusement, le nouvel élu s'aliéna les cardinaux français qui se séparèrent de lui, alléguant que leur choix n'avait pas été libre et proclamèrent pape Robert de Genève, évêque de Thérouanne, sous le nom de Clément VII ; ce dernier choisit Avignon pour résidence (1378).

Le monde chrétien se trouva donc partagé entre deux papes, celui de Rome et celui d'Avignon. Tous deux eurent des successeurs, et ce fut le grand schisme d'Occident. La division devait durer quarante ans et prendre fin au Concile de Constance par l'abdication ou la déposition des deux papes, celui d'Avignon et celui de Rome, remplacés par un chef unique de l'Eglise, le cardinal Othon Colonna, le pape Martin V (1417).

Ce schisme causait une perturbation générale. Où était le vrai pape? Il était permis d'hésiter, quand on voyait des saints se rallier à l'une ou à l'autre obédience. Saint Jean Capistran, saint Jean Népomucène, sainte Véronique de Milan, sainte Catherine de Sienne, sainte Brigitte ne reconnaissaient-ils pas les papes de Rome, tandis que saint Pierre de Luxembourg, évêque de Metz, saint Vincent Ferrier, sainte Colette de Corbie optaient pour les pontifes d'Avignon ?...

L'Ordre de Saint Jean de Jérusalem ne pouvait échapper aux effets de cette division [1]. Comme les souverains, les

1. Presque tout l'Ordre de Saint Jean se rallia à Clément VII, Jean-Ferdinand de Heredia étant alors Grand Maitre. Seules, les Langues d'Angleterre et d'Italie et quelques commandeurs d'Allemagne se rangèrent sous l'obédience d'Urbain VI. Ce dernier déclara alors Heredia déchu et nomma pour le remplacer Frère Richard Carracciolo, prieur de Capoue. Ainsi, de même qu'il y avait deux papes, il y eut deux grands maîtres. Mais le couvent de l'Ordre, qui siégeait à Rhodes, se refusa à reconnaître le grand maître qui lui était imposé en violation des statuts, et, sauf les dissidents mentionnés plus haut, l'Ordre continua à reconnaître le grand maître régulièrement élu : Heredia.

Les Grands Maitres, à qui Talebart eut affaire pendant sa carrière mouvementée furent : Jean-Ferdinand de Heredia (1377-1396) et Philibert de Naillac (1396-1421).

clercs et les laïcs, les chevaliers de l'Hôpital durent prendre parti pour les uns ou pour les autres. On conçoit combien cette anarchie religieuse devait favoriser les agissements de personnages du genre de Talebart. Et c'est, en effet, à la fin du quatorzième siècle que la partie des archives de l'Ordre de Saint Jean de Jérusalem encore conservée à Malte, et consciencieusement fouillée par M. Delaville Le Roulx [1], permettent de saisir Talebart, de reconstituer dans ses grandes lignes son aventureuse existence.

En 1382, Aymar Broutin, dit Talebart, est chevalier, chevalier de Rhodes, comme on disait alors, de même que plus tard on dira chevalier de Malte, vocable sous lequel cet Ordre vénérable est le plus communément désigné de nos jours. En 1382, Talebart devait être déjà chevalier depuis un certain temps, puisque, le 1er septembre de cette année, il est autorisé par le Grand Maître à quitter le couvent de Rhodes et à venir en Occident. On est encore induit à le penser du fait que, le 12 avril 1384, le même chef souverain de l'Ordre lui accorde la Commanderie de Genevois [2] et, le 13 décembre suivant, l'exempte de tous les engagements pris par lui en arrentant La Vaufranche [3], La Buxière [4] et Lamay [5]. Talebart, on le voit, collectionnait déjà les commanderies et le Bourbonnais ne lui déplaisait pas.

En effet, si La Vaufranche était en Marche, si Buxières, — Buxières-Jérusalem, comme on disait ordinairement, —

1. Voir son *Cartulaire des Hospitaliers*, et, pour le point qui nous occupe, dans ses *Mélanges...*, son article intitulé : *Deux aventuriers de l'Ordre de l'Hôpital, les Talebart.*

2. Genevois, commanderie sise en Suisse, non loin de Genève, en la commune de Bardonnex.

3. La Vaufranche, canton de Boussac, Creuse.

4. La Buxière en Combraille, canton de Montaigu-en-Combraille, Puy-de-Dôme.

5. Lamay (Lamaids), canton de Montluçon, Allier.

se trouvait en Combraille, Lamaids se situe en Bourbonnais, non loin de Montluçon [1]. La maison du Temple de Lamaids, ancienne préceptorerie des Templiers, était advenue aux Hospitaliers de Saint Jean de Jérusalem, lors de la tragique suppression de l'Ordre rival. Cette commanderie possédait une église, une exploitation agricole, des dîmes, cens et rentes sur Lamaids, Viersat, Beyrat et Prémilhat. A cette commanderie se rattachaient aussi le membre de Saint-Jean-des-Vignes, non loin de Montluçon, et les annexes de Richemont et de Magnet provenant de l'ancien Ordre du Temple, toutes deux voisines de Saint-Jean-des-Vignes. Cette possession de l'Ordre ne manquait pas d'importance puisqu'elle comprenait logis pour le commandeur, chapelle avoisinante, vastes bâtiments agricoles, moulin, tuilerie, terres, prés, bois et vignobles.

Le 22 mars 1387, Frère Aymar Broutin prit en commende, moyennant 150 florins d'or de rente annuelle, la commanderie magistrale de Dôle [2] pour dix ans, et, trou-

1. Les commanderies de Buxières-Jérusalem, Lamaids et ses annexes, furent, à une époque que je ne puis préciser, réunies à la commanderie de La Vaufranche dont elles devinrent de simples membres. J'incline à croire que, bien qu'on les appelât encore commanderies, c'était déjà chose faite quand Talebart les reçut, ce qui explique qu'on les lui ait données toutes ensemble.

Pour les commanderies bourbonnaises de l'Ordre de Saint Jean de Jérusalem, on pourra consulter les articles de Vayssière, dans le tome 1er des *Archives historiques du Bourbonnais* et *le Grand Prieuré d'Auvergne. Ordre des Hospitaliers de Saint Jean de Jérusalem*, par Léopold Niepce, Lyon, Georg, 1883. Enfin, ceux qui auraient le loisir d'aller jusqu'à Lyon consulter les sources originales, exploreraient avec profit, dans la série H des Archives départementales du Rhône, l'important fonds de Malte (Langue d'Auvergne). M. Delaville Le Roulx, dans l'avant-propos de son *Cartulaire*, a donné un inventaire sommaire de ce que l'on peut y trouver. Les Archives départementales de l'Allier, fonds H non inventorié, ne contiennent que quelques documents (seizième au dix-huitième siècles) sur les commanderies de Beugnet et de La Racherie.

2. Cette commanderie prenait son nom de Dôle en Franche-Comté.

vant sans doute l'opération avantageuse, par acte du 29 mars 1390, renouvela le contrat à vie. En 1390, on le trouve commandeur de Genevois et de Poët-Laval, ce qui le rapprochait au besoin de son pays et de sa famille. La même année, le 22 septembre, il résilie son contrat de Dôle, avec promesse de la première commanderie à sa convenance. Il lui fallut attendre deux ans. Mais alors, le trépas de Frère Hugues de Chantemerle [1] rendant disponible la commanderie de Tourny, le Grand Maître la lui conféra par bulle du 20 août 1401, et, se rendant compte que Tourny ne plaisait point à Talebart, il s'engageait à lui en donner une autre..., quand l'occasion se présenterait.

En vérité Frère Aymar Broutin était difficile à contenter, car Tourny n'était pas après tout commanderie à dédaigner.

La commanderie de Tourny [2] était en Nivernais, dans les bois, au nord-ouest de Luzy [3]. Elle devint par la suite membre de la commanderie de Beugnais [4]. Elle avait une chapelle et, ce qui sans doute importait plus encore à messire Talebart, une métairie, des prés, des bois de haute

On entendait par commanderies magistrales des commanderies laissées à la disposition du Grand Maître. Robert de Juilly, Grand Maître (1374-1376), avait attribué les revenus de cette commanderie à l'entretien des Frères de la Langue d'Auvergne résidant à Rhodes. On sait que le Bourbonnais faisait partie de la Langue d'Auvergne.

1. Hugues de Chantemerle, d'une maison depuis longtemps éteinte, possessionnée en Bourgogne et en Nivernais. Ses armoiries étaient : *d'or, à deux fasces de gueules, à neuf merlettes en orle, posées quatre en chef, deux aux flancs et trois en pointe.* La branche de Bourgogne écartelait : *d'argent, au sautoir d'azur.*

2. Voir, dans les *Archives historiques du Bourbonnais*, t. Ier, p. 118 et suivantes, ce que Vayssière dit de Tourny à propos de la commanderie de Beugnais, dans ses articles sur : *L'Ordre de Saint Jean de Jérusalem ou de Malte en Bourbonnais.*

3. Luzy, chef-lieu de canton de l'arrondissement de Château-Chinon, Nièvre.

4. Beugnais, Beugnai, Beugnet, sur la paroisse de Chassenard en Bourbonnais, aujourd'hui commune du canton de Lapalisse, Allier.

futaie, des dîmes, des cens, des rentes. Ajoutons les droits de haute, moyenne et basse justice ; mais ceci intéressait peut-être moins le pratique Aymar Broutin, car les droits utiles que pouvait procurer la justice étaient sans doute absorbés par les officiers qui la rendaient au nom du commandeur.

De Tourny dépendait une petite annexe au Pont-de-Cressonne ; mais les redevances en grains et argent étaient de médiocre importance et il y avait une chapelle à entretenir.

Comme les bois de Tourny étaient considérables, qu'outre les immeubles et les terres, il y avait un moulin sur la rivière de Luzy, moulin banal auquel tous les habitants étaient tenus de faire moudre leurs grains, que le commandeur avait droit de pêche sur la rivière, Tourny, ajouté aux autres commanderies dont était déjà nanti notre chevalier, devait constituer un coquet revenu et tout autre que l'insatiable Talebart se fût tenu pour satisfait.

Tel que nous le connaissons, Aymar Broutin, on s'en doute, ne résidait pas dans ses commanderies, se bornant à en tirer tous les revenus possibles. De fait, depuis son arrivée en Occident, il vivait tant soit peu en marge de l'Ordre, s'étant mis au service du Pape Clément VII, le pape d'Avignon. Des renseignement rassemblés par M. Delaville Le Roulx sur cette période de la vie de Talebart, résulte qu'il était vite devenu un personnage et fort bien en cour à Avignon. Parti de Rhodes en 1382, dès l'année suivante on le voit capitaine de Montélimar[1] pour Clément VII. En 1390, se trouvant dans cette place avec ses gens d'armes, il empêche les troupes de Raymond de Turenne de passer le Rhône. En Italie, toujours pour le compte de Clément VII, il combat les partisans de Boni-

1. Montélimar, en Dauphiné, actuellement chef-lieu d'arrondissement de la Drôme. Montélimar était alors fief de l'Église.

face IX, et, comme dans tout chevalier de Rhodes il y avait un marin, il les combat non seulement sur terre mais encore sur mer. En 1395, il est devenu chambellan du roi de France Charles VI et se distingue à la reprise du château de Grignan [1] dont s'étaient emparés des routiers. En 1398, il est en Angleterre et négocie avec le Roi pour tâcher de le rallier à la cause du Pape d'Avignon. Il échoua, d'ailleurs, dans cette mission ; mais, dit M. Delaville Le Roulx, « il n'en reste pas moins acquis que s'il s'entremit auprès de Richard II, c'est qu'il jouissait auprès du Saint-Siége d'un certain crédit, et qu'on le considérait à Avignon comme capable de mener à bonne fin une négociation délicate ».

L'année suivante, en 1399, il se joint à l'expédition que le maréchal Boucicaut [2] conduit à Constantinople. Envoyé en éclaireur, en compagnie de Guillaume de Meuillon et de Louis de Ligny, pour savoir des nouvelles du roi Louis II d'Anjou assiégé dans Naples, il enlève chemin faisant une galiote au roi Ladislas de Durazzo [3].

De retour en Dauphiné ou à Avignon, nous avons vu que Talebart, par bulle du 20 août 1401, s'était vu attribuer la commanderie de Tourny qui ne lui plaisait pas. Trouvant sans doute que la compensation tardait à venir, il s'arrogea le droit de se servir lui-même et puisque déjà, avec Tourny, il jouissait des dépouilles de feu Frère Hugues de Chantemerle, il trouva tout simple de viser les trois autres commanderies d'Anglure, du Boulay, de Beugnais et Bardon dont avait été pourvu le défunt. Situées dans la même région que Tourny, il estimait que le tout formerait un ensemble commode, agréable et d'appréciable revenu.

1. Grignan, en Dauphiné, actuellement chef-lieu de canton de l'arrondissement de Montélimar.

2. Jean le Meingre, dit Boucicaut le jeune.

3. Durazzo, ville et port d'Albanie sur l'Adriatique, alors chef-lieu d'un duché possédé par la maison d'Anjou-Sicile.

Ces commanderies, en effet, n'étaient pas de mince valeur.

Anglure, maintenant en Saône-et-Loire, était une des anciennes possessions de l'Ordre de Saint Jean de Jérusalem et devint, par la suite, simple membre de la commanderie de Beugnais. Le siège de la commanderie possédait chapelle et bâtiments agricoles ; tout autour, s'étendaient des bois, des prés et des terres labourables. Des dîmes, rentes et cens se percevaient sur la paroisse de l'Hôpital-le-Mercier où se trouvait situé le chef de la commanderie d'Anglure [1] et sur les paroisses voisines de Saint-Yan, Vindecy, Saint-Germain, Varennes, Reuillon, Vitry et Paray-le-Monial. D'Anglure relevait enfin le membre de Reffy, sur la paroisse de Baugy [2], consistant en un domaine rural.

Le Boulay, tombé aussi du rang de commanderie à celui de membre de Beugnais, se trouve également de nos jours en Saône-et-Loire, sur la commune de Saint-Agnan. Comme toutes les commanderies, Le Boulay avait chapelle et logis pour le commandeur ; à côté, une exploitation rurale avec terres, prés, bois et le moulin de Sernellet sur la rivière de Blandeau. A la commanderie étaient attachés des droits utiles consistant en corvées, cens, rentes, dimes et divers droits de juridiction.

De la commanderie du Boulay dépendait le membre du Bouchet, situé près du village de Fly, comprenant domaine, terres et bois d'un seul tenant et des rentes féodales payées en nature et consistant en froment, seigle, avoine, poules et corvées.

Quant à la commanderie de Beugnais, elle était vérita-

1. Anglure est à vol d'oiseau à environ deux kilomètres au nord-est du centre du village de l'Hôpital-le-Mercier, proche et au sud du hameau des Bordes.

2. Baugy, en Bourgogne, à présent du canton de Marcigny-sur-Loire, Saône-et-Loire.

blement importante. Son chef avait un château fortifié avec chapelle attenante, dite chapelle Saint-Jean-Baptiste ; à côté du château, un domaine rural avec plusieurs granges, alentour terres, prés, vignes et surtout des bois de haute futaie et de taillis. De Beugnais dépendaient aussi deux étangs, un moulin et la moitié du port de Chassenard. Bien entendu, la commanderie levait des dîmes sur Chassenard et Luneau, des cens sur Molinet, Chassenard, Saint-Léger des Bruyères, Le Pin, Saint-Didier, Lurcy, Neuilly, Sées[1] et Digoin.

De Beugnais relevait encore le membre de Coulanges[2], consistant en maison d'habitation, bâtiments ruraux avec pièces de terres éparses et divers bois.

Le membre de Bardon, ancienne commanderie réunie à celle de Beugnais, pour en améliorer le revenu, était plus important. Située sur Yzeure, aux portes de Moulins, des deux côtés du grand chemin de Bourgogne, qui, alors, passait là, l'ancienne commanderie de Bardon comprenait un logis pour le commandeur, une grande église sous le vocable de Saint-Jean-Baptiste. De l'autre côté de la route s'élevait une chapelle dite des Saints-Innocents à laquelle était attachée une vicairie.

Dans le voisinage de ces édifices se trouvaient un logement pour le fermier et des bâtiments agricoles. Au temps où Moulins n'existait pas encore, de vastes terres avaient dû dépendre de la commanderie de Bardon, car des cens et rentes étaient dus par un grand nombre de maisons de la dernière capitale de nos ducs, et cela évidemment parce que ces logis avaient été construits sur les terres de la commanderie. Les maisons de Moulins qui devaient cens et rentes à la commanderie de Bardon étaient bâties dans les

1. Sées, ou mieux Cée, ancienne paroisse sur les bords de la Loire, à présent disparue et réunie presque en entier à Chassenard.

2. Coulanges, Allier.

rues de Bardon, des Tanneries, du Cerf-Volant, de Bourgogne, des Grenouilles [1], d'Allier et des Garceaux. D'autres immeubles des paroisses d'Yzeure, Avermes, Saint-Bonnet, Toulon, Lusigny, Lucenay-les-Aix [2], La Chapelle-aux-Chasses, Coulandon et Trevol étaient dans le même cas.

A ces revenus s'en ajoutaient d'autres consistant en dîmes perçues sur Yzeure, Saint-Bonnet et Avermes.

A Bardon, existait aussi un grand lavoir où les commères de Moulins venaient laver leur linge, contre redevance. Enfin, n'oublions pas de mentionner la source et fontaine de Bardon. C'est tout ce qui reste de la commanderie. Eglise, chapelle, bâtiments tout a été détruit. La Révolution a passé par là [3].

De la commanderie de Bardon dépendait de plus l'annexe de Trevol consistant en maison forte avec chapelle, le tout situé près du village des Nonnettes. Quelques terres, des rentes et autres droits constituaient ce membre, ancienne possession des Templiers. Les Hospitaliers avaient dédié la chapelle à leur patron saint Jean-Baptiste et, bien avant la Révolution, elle restait, avec quelques ruines, le seul témoin de la fondation du Moyen Age [4].

Signalons, enfin, l'annexe ou membre de Pontenas, situé sur la limite des paroisses de Thiel et de Dompierre-sur-Besbre. Une chapelle ayant pour patron saint Jean-Baptiste, des domaines, trois étangs, de grands bois de haute futaie, des cens constituaient cette dépendance de Bardon.

Telles étaient, sommairement décrites, les commanderies sur lesquelles Talebart avait jeté son dévolu.

1. La rue des Grenouilles fait maintenant partie de la rue d'Allier.

2. Lucenay-les-Aix appartient aujourd'hui au département de la Nièvre. Les autres localités citées sont dans l'Allier.

3. Vendues, à la Révolution, à deux entrepreneurs de Moulins, l'église et la chapelle furent démolies et les matériaux, revendus.

4. Le lieu et domaine de La Chapelle existe encore sur Trevol.

Complètement dédaigneux des statuts de l'Ordre, il se fit tout simplement attribuer ces commanderies par son bon ami le Pape d'Avignon et, pourtant, il ne devait pas ignorer qu'elles étaient pourvues de légitimes titulaires.

En effet, à la mort d'Hugues de Chantemerle, elles avaient été régulièrement dévolues par le Grand Maître : Anglure, à Frère Jean de Villers, commandeur de La Racherie [1] ; Le Boulay, à Frère Louis d'Avenières, et Beugnais et Bardon, à Frère Jean Grivel, déjà commandeur de Lormeteau [2], de Maisonnisse [3] et de Chambérand [4], le tout à la date du 13 avril 1401.

Les chevaliers, dont Talebart venait ainsi violer les droits légitimes et la paisible possession, étaient du Bourbonnais. Tâchons de les identifier, ou, à tout le moins, de déterminer leur lignage.

Les *Noms féodaux,* de Dom Bétencourt, nous signalent un certain nombre de Villers. Notre chevalier, Jean de Villers, pourrait bien être un fils de Guillaume de Villers, damoiseau, lui-même issu d'autre Jean de Villers, aussi damoiseau. Guillaume, en 1374, 1404, 1410, fait hommage au duc de Bourbonnais pour l'hôtel, terre et seigneurie de Villers, pour l'hôtel et seigneurie du Riaul [5], pour les

1. La Racherie, commune de Contigny, Allier. Commanderie considérable, qui avait les membres suivants : Huvers (commune de Saligny) ; Le Beyrat et La Jonchère, paroisse de Saint-Bonnet de Bellenave ; Rongères (même commune) ; Velatières, commune d'Hérisson ; Saint-Jean-de-Villedieu, paroisse de Saint-Plaisir ; Le Temple de La Bruyère de Braize, venant des Templiers, commune d'Ainay-le-Château ; Puy-Redon, commune de Saint-Gérand-le-Puy, et Saint-Jean-de-Châteauneuf, Creuse. Toutes les autres localités sont dans le département de l'Allier. Les documents manquent pour affirmer qu'au quatorzième siècle tous ces membres étaient déjà réunis à La Racherie.

2. Lormeteau, canton de Reuilly, Indre.

3. Maisonnisses, canton d'Ahun, Creuse.

4. Chambérand, canton de Saint-Sulpice, Creuse.

5. Le Riau, commune d'Aurouër, canton de Moulins, château appartenant actuellement au baron Joseph Durye.

dîmes de Chagi et de Genestines, moulins, étangs, etc., le tout situé dans les châtellenies de Belleperche, Chaveroche et Moulins. Je suis d'autant plus porté à rattacher notre chevalier de Rhodes à ces Villers que nous allons le trouver bientôt en rapports étroits avec deux Chagi et un Chanceaux. Or, à propos des dîmes, nous retrouvons ce nom de Chagi dans les hommages faits par Guillaume de Villers, et la famille de Chanceaux avait le fief de son nom sur Trevol, non loin du Riau et non loin aussi, à mon avis, de l'hôtel de Villers.

Notons, en passant, que ces Villers paraissent être des Villars. En effet, en parcourant les mentions Villers et Villars éparses dans les *Noms féodaux,* il est facile de constater que les noms Villers et Villars sont souvent pris l'un pour l'autre et que des personnages appelés Villers ne sont autres que des Villars.

De nombreux Villars ayant été possessionnés sur divers points du Bourbonnais, l'incertitude reste grande encore et l'identification douteuse. Mais le problème, il me semble, peut être serré de plus près. Si, en raison des rapports signalés plus haut entre le chevalier de Villers, les Chagi et les Chanceaux, on admet qu'il se rattache aux Villers possessionnés dans le ressort des châtellenies de Belleperche, Moulins et Chaveroche, on arrive à cette conclusion : Jean de Villers, chevalier de Saint Jean de Jérusalem, était un Breschard, des seigneurs de Villers ou Villars. Mais, ici, autre incertitude. Jean de Villers était-il des Breschards, seigneurs de Villards ou Villars, non loin de l'Allier, en la châtellenie de Belleperche [1], lesquels ont souvent abandonné leur nom primitif pour porter seulement celui de Villars, déformé parfois en Villers, comme

1. Villars ou Villards, château, commune de Villeneuve-sur-Allier (jadis La Villeneuve aux Breschards), canton de Moulins, appartient au vicomte de Conny.

nous le voyons par les *Noms féodaux?* J'incline à le penser. Etait-il, au contraire, des Breschard, seigneurs de Confeix et d'un autre Villars ou Villers? Les *Noms féodaux* relatent, en effet, l'hommage rendu, en 1382, par Jean Brechard, damoiseau, pour Confex, en la paroisse de Montilly, et, en 1388, pour la terre et seigneurie de *Villers*[1], paroisses de Couzon et de Saint-Menoux. Je n'ose conclure de façon formelle ; mais je crois que Frère Jean de Villers, chevalier de Rhodes, était bien un Breschard[2], partant, d'une maison ancienne, puissante et fort bien alliée. L'indéniable certitude manquera vraisemblablement toujours, car les fonds d'archives ne renferment pas de dossiers de preuves de la Langue d'Auvergne pour le quatorzième siècle.

En 1401, jeune encore, Jean de Villers, ses caravanes faites et après un stage au couvent de Rhodes, rentrait sans doute en France pour la première fois depuis sa réception dans la Religion. Par bulle du 5 septembre audit an, il venait d'être autorisé à revenir en Occident pour régir ses commanderies. S'il avait pu prévoir les tracas qui l'y attendaient, sans doute fût-il resté de bon cœur à Rhodes.

Jeune, lui aussi, Louis d'Avenières avait été autorisé à quitter Rhodes pour revenir en France, le 17 juillet 1404. Il appartenait à une des plus considérables maisons de notre province, connue dès 1229[3]. Malgré le rang brillant

1. Villers. Aujourd'hui Villard, près Couzon, sur la commune d'Aubigny, et Villard, domaine, commune de Saint-Menoux.

2. Pour Breschard, Breschart, Bréchard, voir : Archives de l'Allier, série E, et Collection des Gozis. —Voir aussi *Noms féodaux,* à Breschard, etc., Villars et Villers. — *Fiefs du Bourbonnais,* t. II (bonnes feuilles).

3. Les d'Avenières portaient : *de gueules, à trois gerbes d'or* et la branche nivernaise, par suite d'alliance avec une d'Anlezy, brisait en cœur d'un écusson *d'hermines à la bordure de gueules,* qui est d'Anlezy. Cette maison est éteinte. Elle portait des armes allusives à son nom, car, bien que les armoriaux ne précisent pas la nature des gerbes, on doit admettre que ces gerbes étaient des gerbes d'avoine.

Voir sur les d'Avenières, aux Archives de l'Allier, la Collection des qu'elle a tenu aux treizième, quarorzième et quinzième siècles, sa filiation est mal dressée, et je ne saurais dire de qui était fils Louis d'Avenières. Comme on ne le retrouve pas dans la branche cadette du Nivernais, j'en conclus qu'il était bien du Bourbonnais.

Jean Grivel était, lui, sans conteste, né vassal de Monseigneur le duc de Bourbonnais. Les Grivel [1] tiraient leur origine des environs de Germiny, châtellenie ducale. Bien qu'ils se soient répandus, au cours des âges, en Auvergne, en Berry, en Nivernais, presque toutes leurs terres et leurs alliances furent de chez nous. Comme pour les d'Avenières, les premiers renseignements sur cette maison remontent à la fin du treizième siècle.

Le père du chevalier de Rhodes, autre Jean Grivel, chevalier, fut personnage d'importance. Bailli de Bourbonnais, conseiller du duc Louis II, ce prince, alors tenant prison en Angleterre, comme otage pour Jean-le-Bon, lui fit la grâce d'arrondir son patrimoine. Par lettres de février 1364 et avril 1365, le Duc lui fit don de la terre et maison forte de Grossouvre [2], rappelant ses services et ceux de feu Jean Grivel, son père.

De son mariage avec Agnès de Cournon, le seigneur de Grossouvre avait eu au moins deux fils : Henri, qui continua la descendance, et Jean, notre chevalier de Saint Jean de Jérusalem.

Bien que s'étant soustrait aux liens et aux inconvénients

Gozis. Voir aussi pour la branche nivernaise, *Nobiliaire de Nivernois*, (t. II, seul paru), Vallière. Nevers, 1900, par Adolphe de Villenaut et M. de Flamare.

1. Grivel, maison éteinte, portait : *d'or, à la bande échiquetée de sable et d'argent de deux tires*. Le *Nobiliaire de Nivernois*, précité, en a donné une généalogie très documentée pour la branche nivernaise. Voir aussi Collection des Gozis.

2. Grossouvre, commune de la Chapelle-Hugon, près Sancoins, Cher, jadis du Bourbonnais, châtellenie de Germiny.

du mariage en entrant dans la Religion, Jean Grivel n'en put éviter tous les soucis. Henri étant mort prématurément, laissant, de son union avec Jeanne de Troussebois, un fils prénommé aussi Jean et mineur en 1407, l'enfant fut placé sous la tutelle de son oncle le Commandeur. La Providence sait répartir les fardeaux de la vie ; aussi jugea-t-elle que la charge de protéger la veuve et l'orphelin était tâche suffisante pour Frère Jean Grivel. Elle lui épargna la peine de lutter contre l'astucieux Talebart. En effet, dès le 20 août 1401, Grivel avait rétrocédé Beugnais et Bardon à son confrère Hugues de Fontenay.

Quant à Hugues de Fontenay, je ne puis le caser dans la généalogie quelque peu touffue de sa maison. Assez fortement possessionnée en Bourbonnais où elle a tenu Fontenay, paroisse de Tendron [1], Bonnebûche, paroisse de Flavigny [2], Chantemerle, paroisse de Charly [3], Bouquetraut, paroisse de Franchesse [4], La Chaussée, paroisse de Château-sur-Allier [5], Livry [6], etc..., elle était encore mieux nantie et plus fortement ancrée en Nivernais. C'était, du reste, son pays d'origine. Portant primitivement le nom de la seigneurie de Pougues (Nièvre), elle l'avait quitté, vers 1210, pour relever le nom et les armoiries d'une première maison bourbonnaise de Fontenay et, depuis lors, tenait rang distingué, tant en Nivernais qu'en Bourbonnais [7].

Hugues de Fontenay eut l'art, lui aussi, de se débarrasser rapidement de Bardon et de Beugnais et, par suite,

1. Commune de Germiny, à présent département du Cher.
2. Flavigny, à présent département du Cher.
3. Près de Sancoins, Cher.
4. Franchesse, canton de Bourbon-l'Archambault, Allier.
5. Château-sur-Allier, canton de Lurcy-Lévy, Allier.
6. A présent du département de la Nièvre et jadis du Bourbonnais.
7. Les Fontenay portaient : *Palé d'argent et d'azur, au chevron de gueules brochant sur le tout.* Pour cette famille voir : Collection des Gozis, aux Archives de l'Allier. — *Noms Féodaux* — *Nobiliaire de Nivernois*, déjà cité.

souffrit peu des agissements de Talebart. Dès le 4 mars 1407, il échange ces deux commanderies contre Blaudaix [1]. Et alors il jongle en quelque sorte avec les commanderies. Le 18 juillet 1409, il abandonne Blaudaix pour Lormeteau [2]; le 13 septembre suivant, il échange Lormeteau contre Villedieu-en-Fontenelle [3] et Bellechassagne [4]. En 1419, il quitte la commanderie de Bellechassagne pour celle de Montchamp [5], à laquelle il joint, en 1420, La Garde-Roussillon [6] et Charbonnier [7]. Entre temps, passé à Rhodes, il y avait tenu d'importantes charges, ayant été, de 1409 à 1420, châtelain de Rhodes et capitaine du château Saint-Pierre [8].

En présence des agissements de Frère Aymar Broutin, Jean de Villers, Louis d'Avenières et Hugues de Fontenay adressèrent une plainte au Grand Maître, à Rhodes.

De son côté, leur adversaire s'engageait résolument dans le maquis de la procédure.

Ayant saisi du litige la Chambre des requêtes du Parlement de Paris, il fut débouté. Battu de ce côté, Talebard cite Villers, Avenières et Fontenay en Cour de Rome, ou mieux d'Avignon. Clément VII nomme un commissaire pour instruire l'affaire; ce dernier se prononce en faveur de Talebart. Forts de leur indiscutable bon droit, les défendeurs avaient, du reste, fait défaut. Alors, muni de la sentence du commissaire pontifical, Talebart entre dans les voies d'exécution et ses agents commencent à instrumenter.

1. Blaudaix, canton de Jarnages, Creuse.
2. Lormeteau, commune de Reuilly, canton d'Issoudun, Indre.
3. Villedieu-en-Fontenelle, canton de Saulx, Haute-Saône.
4. Bellechassagne, canton de Sornac, Corrèze.
5. Canton de Saint-Flour, Cantal.
6. La Garde-Roussillon, canton de Chaudesaigues, Cantal.
7. Charbonnier, canton de Saint-Germain-Lembron, Puy-de-Dôme.
8. Delaville Le Roulx, d'après les bulles des Archives de l'Ordre à Malte. Le château Saint-Pierre était un des forts défendant la ville de Rhodes.

Les choses allaient forcément se gâter ; il y eut voies de fait... Mais ici il faut laisser parler un document, reproduire en entier son savoureux et archaïque langage judiciaire du commencement du quinzième siècle, d'autant qu'il expose toute la genèse de l'affaire et contient quelques détails ne manquant pas de piquant. Nous les signalerons au passage.

Le document en question consiste en lettres de rémission, en date, à Paris, de juin 1407, accordées par Charles VI, roi de France, à Villers, Avenières et autres. En voici la teneur [1] :

Charles, etc..., savoir faisons à tous, presens et avenir, nous avoir receue humble supplicacion de noz amez Jehan de Villers et Loys d'Avenieres, chevaliers de l'ordre de Saint Jehan de Jherusalem, Pierre de La Balme, frère dudit ordre, Pierre de Chagy, Michiel de Chagy, bastart, escuiers [2], Jehan Jolivet, notaire, Jehan de Chanceaux, dit d'Auvergne [3], un nommé Boutevin Gouin, bailli, et de Guiot, varlet dudit Pierre de Chagi, contenant comme les commanderies et maisons d'Anglure, de Boulay, de Bugners et de Bardon eussent ja pieca esté données et conférées par le grant maistre de Rodes, à qui ce appartient, ausdits de Villers, d'Avenieres et à Hugues de Fontenay, chevaliers dudit ordre, c'est assavoir celle d'Anglure audit de Villers, celle de Boulay audit d'Avenieres, et celle de Bardon et de Bugners audit de Fontenay ; lesquelz

1. Archives Nationales, J. J. 161, fol. 205 b, n° 307.

2. Quels sont ces Chagy ? Ne seraient-ce pas des Changy ou des Chaugy, d'une maison noble connue en Bourbonnais et en Bourgogne ? En tous cas ils doivent être voisins et vassaux des Villers. Voir ce qui a été signalé plus haut à propos des dîmes de Chagy.

3. Bien qu'aucune qualification noble ne soit donnée ici à Jean de Chanceaux, je crois qu'il faut le rattacher à la vieille famille noble de Chanceaux, tenant le fief de ce nom, paroisse de Trevol (aujourd'hui domaine des Sanciaux, commune de Trevol, canton de Moulins). Voir les *Noms féodaux*. Cette famille paraît être tombée en quenouille au quinzième siècle.

par vertu du don de leur dit souverain, en furent mis en possession et saisine et en joirent paisiblement par aucun temps et jusques à ce que Adhemar[1] Broutin dit Talebart, chevalier dudit ordre de Saint Jehan, s'en complaigny en cas de saisine et de nouveleté, et les en mist en proces par devant noz amez et feaulx conseillers les gens tenant les requestes en nostre palais à Paris ; ouquel tant fu procedé que, parties oyes, par sentence de nosdits conseillers, elles furent ja pieca appoinctées en fais contraires et la recreance desdites commanderies adjugée ausdits trois chevaliers ; lesquelz par vertu de ladite sentence, en ont joy depuis le temps d'iceles. Et combien que pendant ladite cause de nouveleté par devant nosdits conseillers, yceulx chevaliers defendeurs ne deussent avoir esté traictiez ailleurs pour raison desdites commanderies, neantmoins, en contempt dudit proces pendant par devant nosdits conseillers et de la recreance adjugée, ledit Talebart, qui avoit lui mesmes esleu nosdits conseillers à juges en ladite cause, et qui estoit demandeur par devant eulx, pour travailler et enveloper en divers proces lesdits chevaliers, les fist citer et convenir en court de Rome par devant certain auditoire *(sic)* ou commissaire, qu'il impetra de nostre dit saint père le pappe ; par devant lequel [auditeur] ou commissaire, yceulx chevaliers, sachans que la disposicion, don et collacion des maisons et commanderies dudict ordre et religion de Saint Jehan appartient audit grant maistre de Rodes seul et pour le tout, et que autre que lui, mesmement juge d'esglise, ne se doit entremettre de les donner ne de entreprendre cognoissance des debas qui à cause d'icelles seurviennent, n'ont pas tenu grant compte de eulx defendre, ne bouter en proces par devant ledit auditeur ou commissaire apostolique mesmement, car ilz savoient bien que ledit Talebart ne povoit ignorer que ce qu'il s'efforcoit de fere estoit contre les privileges, drois et libertez de ladite religion. Mais ce non obstant, ycelui Talebart a tant poursui qu'il se dit avoir obtenu certaine sentence ou sentences en ladite cour de Rome contre lesdits chevaliers defendeurs, et, soubz umbre de ladite sentence ou sentences,

1. Adhémar, une des formes du prénom Aymar.

le vendredi avant mikaresme derrain passé [27 février 1407], les dessus nommez Jehan de Villers et Loys d'Avenieres, estans en ladite commanderie de Bardon empres Molins, vindrent audit lieu de Bardon Jehan Girout prestre dudit ordre de Saint Jehan, procureur dudit Talebart, Michelet Do [1] et deux ou trois autres serviteurs dudit Talebart, et menerent avec eulx Guillaume de Mauléon, demourant à Mascon, un notaire et deux de nos sergens ; et aussi estoit en leur compaignie maistre Simonnet, chanoine de Molins, tabellion apostolique [2], lequel on disoit estre executeur des lettres et sentences dudit auditeur ou commissaire en court de Rome. Lequel Guillaume de Maulion, commissaire, fist lire unes lettres de sauvegarde, et puis signifia ausdits de Villers et d'Avenieres que ledit Talebart et ses gens estoient en nostre sauvegarde, en leur defendant sur certaines peines que point ne leur mesfassent. A quoy lesdits de Villers et d'Avenieres respondirent que ilz se garderoient de mesprendre ; et quant lesdits commissaires eurent fait leur exploit, ilz s'en alerent en la ville de Molins, en laquelle ilz furent arrestez par les officiers de nostre tres chier et tres amé oncle le duc de Bourbonnois, por ce que ilz avoient exploictié en sa terre et justice au desceu d'iceulx officiers, et sans avoir insinué leur commission, ne appelé la justice de nostre dit oncle [3]. Et eulx estans audit Moulins, ledit Jehan Girout, procureur dudit Talebart, dist à aucunes personnes qu'il lui desplaisoit du debat qui estoit entre son maistre

1. M. Delaville Le Roulx nous apprend que Michelet Do était appelé aussi Michelet des Loges.

2. C'est le Guillaume Simonet, chanoine de la Collégiale de Moulins (1404), signalé par le commandant Gaston du Broc de Segange dans : *La Collégiale de Moulins*, Moulins, Imprimerie Bourbonnaise, 1897, p. 59.

3. Il est assez piquant de voir des officiers royaux arrêtés par ceux de Monseigneur le duc. Ceci prouve de quel pouvoir jouissait alors le duc de Bourbonnais. Il était presque aussi souverain en son duché que le roi en son royaume.

A noter aussi qu'à Bardon tout se passe sans incident. C'est que Villers et Avenières n'avaient nuls droits sur Beugnais et Bardon, et Hugues de Fontenay se désintéressait de ces commanderies, officiellement échangées par lui dès le 4 mars suivant pour celle de Blaudaix.

et lesdits chevaliers, et qu'il eust bien voulu qu'ilz fussent acort ; auquel fu respondu que du d[e]bat ledit Talebart estoit cause, et que, au cas qu'il vouldroit accort, lesdits chevaliers estoient tous prests d'y entendre voulentiers. Lors ledit Girout se excusa, disant que n'avoit pas puissance dudit Talebart, son maistre, mais Josseran de Cusery, demourant à Paray-le-Monnial, qui estoit procureur general dudit Talebart, avoit plaine puissance de accorder, et, se ilz en vouloient parler audit Josseran, il tenoit fermement qu'il entendroit volentiers audit accord. Si fu prise journee d'estre le dimanche ensuivant en la ville de Chacenay[1], et menerent avec eulx le chastellain de Molins[2] et Pierre Salabrun, frère dudit ordre de Saint Jehan, cuidans trouver ledit Josseran, et y furent presque toute la journee en attendant que venist : mais ledit Josseran se envoia excuser, et fist dire qu'il estoit si malade qu'il n'y povoit venir, combien que en verité il n'en fust rens, si comme il leur fu dit par un d'iceulx que ledit Josseran avoit envoié. Et oye ladit excusacion, ledit de Villers et ses gens s'en vindrent au giste à Anglure[3], et laisserent lesdits chastellain de Molins et Salabrun, qui alerent à Paray et lendemain parlerent audit Josseran ; et estans lesdits de Villers et ses gens audit lieu d'Anglure, ycelui de Villers ordonna à Durant Perreon, prestre, son procureur, Gilebert Vache, nostre sergent, et audit Jolivet, notaire, que ilz se tenissent en ladicte maison d'Anglure, et chargea à son dit procureur que, se les gens et commissaires dudit Talebart y venoient et vouloient fere aucuns explois, que il s'opposast et que, par vertu de la sentence de nos dits gens des requestes, il se feist tenir et garder en possession et saisine de ladite commanderie d'Anglure par nostre dit sergent, et que de ce il requeist lettre audit notaire. Et le lendemain au matin se partirent lesdits de Villers et gens

1. Chacenay *(Chacenayum)* aujourd'hui Chassenard, canton du Donjon, arrondissement de Lapalisse, Allier.

2. D'après le chanoine Berthoumieu, le capitaine châtelain de Moulins de 1402 à 1409 aurait été Charlot Félis, valet de chambre du duc Louis II de Bourbon *(Bulletin* de la Société d'Emulation du Bourbonnais, 1913, p. 422).

3. La commanderie d'Anglure, dont jouissait alors Jean de Villers.

de ladite mason d'Anglure, et s'en alerent à Digoing [1], où ils disnerent ; et quant ilz eurent presque disné, le chastellain de Molins et ledit procureur Salebrun vindrent a eulx et leur dirent que ilz avoient parlé audit Josseran de Cusery, mais il ne leur sembloit pas qu'il voulsist entendre à traitter d'accord ; et lors lesdits de Villers et d'Avenieres, voyant que ledit Talebart et ses gens ne queroient que toute rigueur, et que, par vertu desdites sentences de court de Rome, ilz s'efforceroient de les bouter hors de la possession des dites commanderies, qu'ilz avoient et tenoient par auctorité de nous et de la sentence de nos dites gens, comme dit est, indignez et courroucez de ce, dirent aus dessus nommez Pierre et Michel de Chagy, Jehan d'Auvergne, Boutevin Gouin bailli et Guiot que ilz s'en alassent à Anglure et gardassent bien que les gens dudit Talebart ne entrassent point dedens, et que ilz feussent les plus fors, et que, se de fait ilz s'efforceroient d'entrer et bouter dedens, ou se ilz si estoient ja boutez, que ilz feussent batus ; mais bien leur defendirent que à nos officiers ne feissent aucun desplaisir. Et incontinent les devant nommez monterent à cheval, leurs espées saintes, et s'en alerent à Anglure, et, ains comme ilz y arriverent, lesdites gens de Talebart et leurs commissaires qui ja avoient fait leur exploit, s'en aloient leur chemin droit à Paray. Lesquelz, les devant nommez de Chagy, Jehan d'Auvergne, Boutevin Gouin, Guiot et aussi frere Pierre de La Balme et ledit Jolivet, qui estoit à Anglure, suirent apres et les aconsuirent à un lieu nommé Saint Yan, et là leur coururent sus, tirerent leurs espées et batirent Michel, familier dudit Talebart, lequel ilz navrerent de douze ou quinze plaies ou environ ; et un prestre de Paray [2], tabellion apostolique, qui estoit executeur des lettres dudit auditeur ou commissaire de court de Rome, ot un coup d'espée sur la teste par derriere ; et à un autre prestre, qui avec eulx estoit, fu donné un cop de poing entre col et coupet [3], dont il

1. Digoin, chef-lieu de canton, Saône-et-Loire.

2. Paray-le-Monial, chef-lieu de canton, arrondissement de Charolles, Saône-et-Loire.

3. Coupet : le sommet de la tête. Voir La Curne de Sainte-Palaye, aux mots *coupeau* et *coupet* ; comparer avec *toupet*.

fu rué jus de son cheval à terre ; et aus devant diz, qui furent batus, osterent leurs dagues et espées qu'ils portoient ; mais quant à noz officiers, ils n'eurent aucun mal, car, quant vint à l'assemblée ledit Jolivet leur dist qu'ilz se separassent des gens dudit Talebart et des autres, et lui mesmes les tira à part et fu avecques eulx tant comme dura le conflit ; et ce fait, les dessus nommez s'en alerent au giste en un village pres de Donjon [1] et emmenerent avec eulx trois chevaux, dont l'un estoit au prestre et tabellion de Paray et les autres deux estoient aus gens dudit Talebart ; et sur l'un d'iceulx chevaux estoit unes bourses, esquelle avoit un breviaire, une heures, un quevrechief, une aulmuce de nuis et un peigne [2] ; lesquelz chevaux et bourses ilz retindrent devers eulx. Par occasion duquel fait et par vertu de certaines noz lettres impetrées par ledit Talebart, lesdits supplians, ou aucuns d'eulx, ont esté appellez à noz drois par devant le bailli de Mascon, et ont esté donnez certains deffaux contre eulx par ce que aucuns d'eulx n'ont osé comparoir, excepté ledit Jolivet qui est nostre prisonnier audit Mascon [3], et seroient yceulx supplians en aventure d'estre bannis ou de cheoir en aucun inconvenient, se par nous ne leur estoit extendue nostre grace. Si nous ont humblement fait supplier que, comme en autres cas lesdits supplians aient esté tous leur temps gens de bonne vie et conversation honneste, qui oncques mais ne furent souspeçonnez daucun vilain reproche, et que l'occasion de ladite bateure a esté la grant vexacion et coustemens que ledit Talebart a donné ausdits chevaliers defendeurs sans cause raisonnable, et si a fait par ses dites gens destruire et gaster lesdites commanderies, et avec ce avoient ledit Talebart et ses gens menacé de batre les gens et officiers desdits chevaliers, si comme ilz dient, nous leur vueillions impartir nostre dite grace. Nous

1. Le Donjon, chef-lieu de canton, arrondissement de Lapalisse, Allier.

2. On remarquera l'apostolique simplicité de la trousse de toilette du bon ecclésiastique ; un peigne... et c'est tout.

3. Mâcon, en Bourgogne, à présent chef-lieu du département de Saône-et-Loire.

ces choses considerées et par contemplacion des amis et parens desdits de Villers et d'Avenieres qui sont nobles gens de bonne generacion, qui grandement et notablement nous ont servi et servent chascun jour en noz guerres et si sont lesdits chevaliers jeunes, qui avoient entencion de passer en Rodes por la defense de la foy, se ne feussent lesdits debas, ausdits supplians et à chascun d'eulx ou cas dessus dit, de nostre certaine science, plaine puissance et auctorité royal, avons quitté, remis et pardonné, quittons remettons et pardonnons de grace especial, par ces presentes, les cas et faits dessus dits, ensemble tout peine et offense et amende corporelle, criminelle et civile en quoy ilz et chascun d'eulx pevent estre encourus envers nous et justice par occasion de ce ; mettons au neant les appeaulx, evocacions et adjournemens dessusdits, avec le ban s'il s'en estoit ensuy, les restituons a leur bonne fame et renommée au pais et à leurs biens non confisqués. Et imposons sur tout scilence perpetuel à nostre procureur, sattisfaction faite ausdits blecez civilement tant seulement. Si donnons en mandement par ces mesmes lettres aus baillis de Saint Pierre le Moustier et de Mascon et à tous noz autres justiciers, presens et à venir, ou à leurs lieuxtenans et à chascun d'eulx si comme à lui appartendra, que de nostre presente grace, remission et pardon facent, seuffrent et laissent lesdits supplans et chascun d'eulx joir et user paisiblement et à plain, sans les molester ou empescher, ne souffrir estre molestes ou empeschez aucunement au contraire, mais leurs personnes et leurs biens non confisqués, se par ce estoient detenus ou empeschés en aucune maniere, les mettent ou facent mettre sans delay à plaine delivrance. Et que ce soit ferme chose et estable à tousjours, nous avons fait mettre nostre scel à cez presentes, sauf en autre chose nostre droit et l'autrui en toutes. Donné à Paris ou moys de juing, l'an de grace mil CCCC et sept, et de nostre regne le XXVIIe.

Par le roy, le grant maistre d'ostel messire Charles de Savoisy et autres presens.

FERRON.

Par le récit des lettres de rémission, dont on vient de lire le libellé, il est facile de constater que les instructions des chevaliers Jean de Villers et Louis d'Avenières avaient été ponctuellement suivies par leurs officiers et serviteurs. Les gens de Talebart avaient été consciencieusement « batus ». Instruits par l'expérience, nos chevaliers se doutaient que, s'ils avaient gagné la première manche, leur tenace adversaire prétendait bien avoir la seconde. Avec un Talebart, aussi expert dans l'art de mener un procès que dans celui de nouer une intrigue, les choses ne pouvaient en rester là. Derechef, en effet, Aymar Broutin se jette dans le maquis de la procédure et voilà encore de beaux jours pour les gens de basoche.

Il ne nous reste malheureusement pas assez de pièces d'archives pour suivre l'affaire en tous ses détours, mais on doit constater qu'Avenières et Villers, évidemment bien conseillés, se montrent prompts à la parade et vifs à la riposte. L'attaque, c'est une action au criminel intentée par Talebart. La parade, le défaut des accusés. La riposte, les lettres de rémission données plus haut, lesquelles, chronologiquement, devraient trouver leur place au cours de ce nouveau procès greffé sur les autres litiges.

Voici donc ce qui se passa :

Dès l'annonce du conflit où Michel Do et ses compagnons avaient eu le dessous, Talebart, certainement fort vexé, assigna au criminel, de concert avec son familier, Villers, Avenières, Pierre de Chagy, Guiot Janet, valet de ce dernier, et Jean de Chanceaulx, dit d'Auvergne. La cause fut évoquée d'abord devant le bailli royal de Mâcon, où les intimés firent défaut. Pendant les démarches nécessaires en vue d'obtenir leurs lettres de rémission, l'affaire revint, le 1er septembre 1407, devant le Parlement de Paris. Faisant droit à la requête des défendeurs, la cour remit le jugement aux Grands Jours de la baillie de Vermandois, pour leur permettre de produire les lettres royales de rémission. Le 9 décembre suivant, l'affaire était enfin jugée ; le Parlement prononçait l'élargissement des inculpés et les commandeurs d'Avenières et de Villers s'en venaient loger à l'Hôpital du Temple, à Paris.

Cependant, la plainte adressée au Grand Maître par les trois commandeurs, si injustement molestés, avait produit son effet. Sans doute après une minutieuse enquête, le 5 février 1410, ordre était donné à Frère Aymar Broutin de les laisser jouir paisiblement de leurs commanderies et de comparaître au prochain chapitre de l'Ordre pour faire valoir ses prétentions. Deux jours plus tard, le 7 février, le Grand Maître autorisait Jean de Villers et Louis d'Avenières à se faire représenter par procureur au Chapitre général[1].

Tandis que Jean de Villers, commandeur de la Racherie, constituait pour mandataire Pierre de Villaut, Louis d'Avenières se décidait à agir en personne. En conséquence, le 10 mai 1410, d'Avenières et Villaut se présentent en l'église Saint-Jean d'Aix, somment le grand écuyer Jean Quimerrit de se rendre devant la porte de l'église et d'appeler « Adhémar Brutin dit Talebart, commandeur de Genevois » à comparaître devant le Chapitre général assemblé. Personne n'ayant répondu, les plaignants produisent les pièces suivantes : lettres de concession du 13 avril 1401, des commanderies prétendues par Talebart ; lettres du Grand Maître, rejetant les prétentions dudit

1. Le Chapitre général devait primitivement s'ouvrir à Nice, le 1er avril 1410 ; mais la tenue en fut transférée à Aix. Le Grand Maître ne put le présider parce que, de Pise, où il séjournait alors, il fut envoyé en légation par le Pape Alexandre V (pape de Rome) vers les Rois de France et d'Angleterre, et il permit au Chapitre de choisir ses présidents. Commencé à la fin d'avril 1410. Le Chapitre se termina le 20 mai suivant. Cf. Raybaud, *Histoire des grands Prieurs et du Prieuré de Saint-Gilles*, déjà citée, t. 1, p. 365.

Talebart; convocation dudit Talebart au Chapitre général pour le 15 avril 1410; enfin, la procuration donnée par Jean de Villers à Pierre de Villaut, en date du 14 mars 1410.

Le 15 mai 1410, Louis d'Avenières et Pierre de Villaut requirent le Chapitre de prendre défaut contre Talebart et de décider des droits des requérants. Après un nouvel appel du grand écuyer à la porte de l'église, resté sans réponse comme le premier, le lieutenant du Grand Maître déclara que Talebart faisait défaut et confirma la concession du Boulay à Louis d'Avenières et celle d'Anglure à Jean de Villers. Un notaire, à la requête d'Avenières et de Villaut, consigna, par acte authentique, la décision capitulaire.

Ainsi prit fin une affaire qui, en son temps, dut faire jaser plus d'une langue bourbonnaise. Reste à dire ce que devinrent les principaux acteurs de ce petit drame.

Jean de Villers ne posséda pas longtemps la commanderie qui lui avait été si âprement disputée. Fidèle à sa promesse de passer à Rhodes, il obtenait, dès le 7 février 1411, l'autorisation d'arrenter pendant trois ans ses commanderies d'Anglure et de la Racherie, pour payer les frais de son passage, et, par les Archives de Malte, nous apprenons, qu'antérieurement au 25 août 1413, il s'en était allé jouir à tout jamais, ès saintes fleurs du Paradis, de la meilleure des commanderies.

Louis d'Avenières passa sans doute à Rhodes, lui aussi; mais, à dire vrai, je n'en sais rien, car, après 1410, un lourd silence pèse sur lui. Serait-ce celui de la tombe?

Quant à Talebart, il continuait sa vie enfiévrée, désordonnée, exempte de scrupules. Homme à mener de front plusieurs intrigues, en même temps qu'il cherchait à s'emparer des commanderies bourbonnaises, il avait, en 1401, tenté de se faire attribuer contre deux autres concurrents, par la faveur de Frère Robert de Châteauneuf, grand prieur d'Auvergne et l'un des lieutenants généraux du Grand Maître, l'importante châtellenie des Echelles [1], d'où procès en Cour de Rome perdu par Talebart. Vers le même temps (1401-1402), l'ambitieux personnage se mit en tête d'avoir le prieuré de Saint-Gilles et, suivant son habitude, par des voies irrégulières, si bien que l'Ordre lui intenta un procès, aussi en Cour de Rome. Talebart dut le perdre; en tous cas, oncques ne fut grand Prieur de Saint-Gilles [2].

Non content de chercher à s'approprier des commanderies par les voies les plus blâmables, Talebart administrait de façon très fantaisiste celles qui lui avaient été confiées. Au mépris des règlements formels de l'Ordre, il attribuait à qui bon lui semblait les membres de la commanderie de Genevois. On le constata après son décès. Pour la commanderie de Manas, en Dauphiné, mêmes procédés. A Guillaume de Meuillon, chevalier, son compagnon en cette expédition de Constantinople dont j'ai déjà parlé, il avait en l'audace de concéder Manas en fief franc et noble, avec droit de haute, moyenne et basse

1. Les Echelles, arrondissement de Chambéry, Savoie. Cette commanderie avait deux membres en Dauphiné : L'Hôpital Saint-Jean (Moirans, Isère), et Les Abrets, canton de Pont de-Beauvoisin, arrondissement de La Tour-du-Pin, Isère.

2. Voir *Histoire des Grands Prieurs*, etc, t. Ier, pp. 357 et 360. Page 357, par erreur de lecture Aymar est appelé Dalmas ; mais cette erreur, imputable, je crois, à l'éditeur du texte de Raybaud, le chanoine Nicolas, qui en a commis plus d'une, est indéniable, par le fait que « Dalmas Brutin, dit Talbart » est qualifié « Dauphinois et chambellan du Roi ». Du reste, p. 360, il est écrit : « C'était Aimar Brotin, dit Tabelart *(sic)*, commandeur de Poët-Laval, dont j'ai déjà parlé ».

justice, contre une redevance annuelle de 6 livres 8 sous tournois et une obole. Chose extraordinaire, cette concession avait été acceptée comme arrentement par le Prieur de Saint-Gilles. D'autres dispositions analogues, qu'il serait trop long de rapporter ici, avaient été ratifiées, malgré leur flagrante irrégularité, par le Chapitre provincial d'Auvergne. Le couvent de Rhodes et le Grand Maître avaient, il est vrai, ignoré ces agissements et la complaisance du Chapitre de la Langue d'Auvergne.

Ces menées de Talebart s'expliquent par sa vie dépensière. Criblé de dettes, poursuivi par ses créanciers, il cherchait à faire flèche de tout bois. Les choses allaient si loin que, dès 1410, le Grand Maître était dans l'obligation d'enjoindre à Talebart de se libérer et, en cas de refus, de comparaître devant le grand Prieur de France. Nous apprenons ainsi que Frère Aymar Broutin devait 44 livres 12 sous 10 deniers parisis à Alexandre de Gien, marchand à Paris, y demeurant rue Geoffroy-l'Asnier, pour fournitures de poissons et marchandises diverses et 35 francs d'or au grainetier Henau Maurice, pour avoine et foin. Même en ces temps troublés, on s'étonne de constater l'absence de sévères sanctions contre pareil aventurier. On ne peut se l'expliquer qu'en adoptant l'opinion de M. Delaville Le Roulx. L'Ordre se préoccupait, dit-il, de ne pas froisser un subordonné turbulent, mais assurément protégé en haut lieu, et craignait, en sévissant, de l'amener à une rébellion ouverte.

. . . .

Or, entre les mois d'avril et de juillet 1414, une grande nouvelle parvint tant à Rhodes qu'à Bologne où séjournait alors le Grand Maître. Talebart était mort ! A cette annonce, j'imagine que le chef de l'Ordre, au dernier verset d'un charitable *De Profundis*, dut pousser un immense soupir de soulagement. C'en était donc fini de l'insatiable quémandeur, du perpétuel plaideur, de l'intrigant et compromettant membre de la Religion. Bref, la chancellerie disposa des commanderies si mal gérées par Talebart. Hélas ! il fallut bientôt déchanter : la nouvelle était fausse ; Talebart était bien vivant. On en eut la preuve, dès 1415, mais surtout lorsque le Prieur de Saint-Gilles avertit l'administration centrale de l'Ordre des agissements du commandeur Aymar Broutin, à propos de Manas, notifiant qu'il avait dû les ratifier. Le Grand Maître, à son tour, s'inclina. Messire Guillaume de Meuillon, chevalier, seigneur de Valbaret et de Vaucluse, conseiller et chambellan du Roi de France, et par surcroît fort en faveur auprès du Pape, était un personnage de telle importance qu'il le fallait ménager.

Mais il arriva enfin que Talebart mourut, et pour tout de bon. Quand ? On ne sait au juste, mais c'était chose faite, le 20 octobre 1420, date à laquelle on disposa définitivement de ses commanderies. Talebart était bien trépassé ; il ne réclama pas.

Lorsque le *requiescat in pace* final tomba sur sa dépouille mortelle, l'âme de Frère Aymar Broutin, dit Talebart, dut trouver cela étrange chose, elle qui, en ce bas monde, tant s'était agitée !

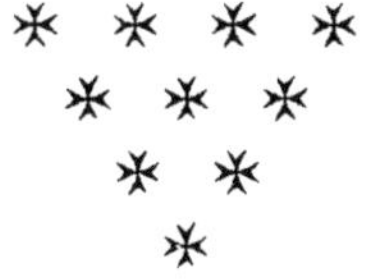

MOULINS
IMPRIMERIE
CRÉPIN-LEBLOND

CURIOSITÉS BOURBONNAISES

— SUITE —

XVII. — Abbé Joseph-H.-M. Clément. « *L'Escu d'or* » *et l'ordre de* « *Nostre-Dame* », institués par Louis II, duc de Bourbonnais.

XVIII. — Dr V. Vannaire et Félix Chambon. *La Dévotion à N.-D. de Bannelle.*

XIX — Roger Delvaux. *Le Bourbonnais à la Cour de Louis XIV* (extraits du « Journal » de Dangeau et des « Mémoires » de Saint-Simon).

XX. — Ferdinand Claudon. *Les Cordeliers du Bourbonnais,* par le P. Jacques Fodéré.

XXI. — Louis Caillet. *Lettres inédites des Ducs et Duchesses de Bourbon antérieures à 1503.*

XXII. — Chanoine O.-C. Reure. *Le Bourbonnais Jacques Fraichet, directeur d'une école privée et principal du collège de la Trinité à Lyon.*

XXIII. — Pierre Flament. *Lettres inédites de Pascal-Antoine Grimaud, vicaire épiscopal du département de l'Allier, membre de la Commission temporaire de Lyon (décembre 1793-mai 1794).*

XXIV. — Louis Caillet. *Les Ducs de Bourbonnais et la ville de Lyon,* étude sur les rapports de cette ville avec les Bourbons au cours du xve siècle.

XXV. — C. Grégoire. *Une Terre bourbonnaise au XVIIIe siècle. (Les Maysonneuve de Casaubon, seigneurs de Saint-Gerand-de-Vaux, Saint-Loup et Gouise, 1763-1783).*

(Les nos 1 à 25 ont été édités par la Librairie Durond-Grégoire, de Moulins.)

2e Série

XXVI. — Philippe Tiersonnier. *Un singulier Chevalier de l'Ordre de Saint Jean de Jérusalem.*

www.ingramcontent.com/pod-product-compliance
Ingram Content Group UK Ltd.
Pitfield, Milton Keynes, MK11 3LW, UK
UKHW021947260726
13994UKWH00004B/1600